A PROPÓSITO:
QUAL É O SEU GRANDE PORQUÊ?

Encontre um "porquê" para guiá-lo em suas ações e decisões

Copyright© 2021 by Literare Books International
Todos os direitos desta edição são reservados à Literare Books International.

Presidente:
Mauricio Sita

Vice-presidente:
Alessandra Ksenhuck

Capa, diagramação e projeto gráfico:
Gabriel Uchima

Revisão e preparação:
Tarik Alexandre

Diretora de projetos:
Gleide Santos

Diretora executiva:
Julyana Rosa

Diretor de marketing:
Horacio Corral

Relacionamento com o cliente:
Claudia Pires

Impressão:
Impressul

Dados Internacionais de Catalogação na Publicação (CIP)
(eDOC BRASIL, Belo Horizonte/MG)

S237p   Santos, Felipe L.
   A propósito: qual é o seu grande porquê? / Felipe L. Santos. – São Paulo, SP: Literare Books International, 2021.
   14 x 21 cm

   ISBN 978-65-86939-71-2

   1. Literatura de não-ficção. 2. Autoconhecimento. 3. Sucesso. I.Título.

   CDD 158.1

Elaborado por Maurício Amormino Júnior – CRB6/2422

Literare Books International.
Rua Antônio Augusto Covello, 472 – Vila Mariana – São Paulo, SP.
CEP 01550-060
Fone: +55 (0**11) 2659-0968
site: www.literarebooks.com.br
e-mail: literare@literarebooks.com.br

Este livro é dedicado a todos aqueles que querem avaliar suas atitudes e perspectivas perante a vida enquanto seres em desenvolvimento.

Dedico também ao meu filho Anthony, que me ensinou o amor incondicional e me fez enxergar novos entendimentos sobre a vida, à minha esposa Juliana, que esteve e está ao meu lado nesta jornada de descobrimentos. Ofereço também aos meus pais que me fizeram buscar evolução como ser humano, ao meu irmão Murilo, que em sua pequenez e de forma tão sublime trouxe tanto significado para os dias que esteve entre nós e a minha vó, Florentina, que me ensinou com simplicidade o amor e a bondade.

AGRADECIMENTOS

Este livro não seria possível sozinho, então agradeço de todo coração a quem direta ou indiretamente me ajudou e incentivou quando este projeto era apenas devaneio. Sou grato pelos meus amigos e pela minha família, agradeço aos colaboradores e parceiros das empresas que administro, Líder Inspeções e Protect Surface e também à equipe do Programa *Dream Makers*, que me desafiam e motivam buscar conhecimento pelo fascinante universo da vida.

PREFÁCIO

Este livro é resultado de anos de pesquisa e leituras contínuas. Basicamente pesquisei os principais nomes da literatura motivacional para chegar a algumas constatações. Introduzo mencionando esse aspecto para ser justo e honesto intelectualmente. É improvável que depois de tantas obras publicadas alguém se revele como único fundador de uma ideia. Minha obra pretende se agregar a outras para efeito de complemento. Faço questão de esclarecer nestas linhas iniciais que precisei subir nos ombros de vários gigantes para compor esta obra, sem eles sua realização talvez não fosse possível. Poderia citar dezenas deles, mas no corpo do livro não me privo de referenciar várias fontes. Portanto, é desnecessário mencionar um a um.

Por outro lado, como não poderia deixar de ser por motivos óbvios, não nego que minhas experiências pessoais e a constituição da minha própria personalidade, única e intransferível como a de todos nós, foram absolutamente relevantes na composição de inumeráveis argumentos e impressões aqui encontradas. Ser quem eu sou, viver como vivi e acreditar no que acredito está presente em todo curso deste livro, e até mesmo no processo de escolha das leituras e pesquisas que fiz.

A PROPÓSITO: QUAL É O SEU GRANDE PORQUÊ?

Vocês perceberão esse caráter genuíno e intrínseco em muitas passagens em que tento revelar meu pensamento mais íntimo sobre a questão do que é realmente ter um propósito. Não poderia deixar de fora minhas aquisições em termos de aprendizado. Durante meu trajeto, desenvolvi uma visão peculiar sobre propósito e tento expô-la da maneira mais clara possível.

Confesso que li muitos materiais que mencionam sobre ter propósito – de forma mais restrita – e o propósito da vida – de modo mais universal, mas nenhum destrinchava com profundidade o que era realmente ter propósito. Não estou dizendo que não existem, se existem, não tive acesso. Temos livros motivacionais em todos os idiomas e não levei minha pesquisa a esses termos de aprofundamento.

Como palestrante e criador do Programa *Dream Makers*, presumi, com base em meus treinamentos, que tinha uma espécie de dívida com meu público. Uma dessas dívidas era investigar mais profundamente sobre propósito, o que de fato ele é e o que deve ser necessário para implantar um ou mais em nossas vidas.

Felipe L. Santos

Sumário

Introdução..9

O que é ter um propósito?...13

Quem é você de verdade?...27

Lições da criação sobre propósito:
contraponto entre generosidade e egoísmo................39

O valor de se ter um propósito....................................47

Propósito, tempo e atitude..51

O propósito e mídias sociais: questão de identidade........61

Perguntas que podem ajudar a alcançar seu propósito
e o organizar dentro da sua vida..................................67

Epílogo..71

INTRODUÇÃO

> "Se a escada não estiver apoiada na parede correta, cada degrau que subimos é um passo a mais para um lugar equivocado." (Stephen Covey)

Não é incomum as pessoas corromperem o sentido mais genuíno de propósito o ligando ao significado de metas e objetivos. Não é que as metas e objetivos não sejam importantes, porque são, mas propósito tem uma conotação mais larga e extensa e diz muito de quem somos realmente.

Para desfazer essas ligações entre os significados de "objetivo", "meta" e "propósito", precisamos entender que "objetivo" está relacionado a algo que queremos obter, realizar ou alcançar. Pode ser abrir um empreendimento, adquirir bens materiais, modificar seu aparato estético, comprar mais roupas, carros e outros, ou seja, tem estreita relação com uma finalidade material. Já as "metas" são os caminhos que você vai traçar para chegar ao seu objetivo: "Eu tenho a meta de ganhar mais dinheiro, porque meu objetivo é comprar uma casa". Metas se definem por um conjunto de ações a curto, médio ou longo

A PROPÓSITO: QUAL É O SEU GRANDE PORQUÊ?

prazo, estão ligadas ao fator tempo: "Em um ano vou levantar x valor para adquirir meu carro".

Por outro lado, "propósito" é um termo que se liga diretamente ao significado da vida, é uma finalidade última e imaterial que pretende pautar seus dias. Ele irá guiar nossas ações a partir de um significado profundo e amplo. Querer comprar um carro é apenas um objetivo. Propósito é compreender a origem dos objetivos e, deliberadamente, escolhê-los para compor o todo das suas ações. Em outras palavras, propósito é o conhecimento e ampliação do significado que justifica seu ser e estar no mundo.

Covey costuma comparar propósito com uma grande parede de apoio que nos sustentará durante a nossa trajetória de vida. Segundo o autor, o ideal é comparar a escada e seus degraus com a vida, onde em cada degrau estão planejados os seus objetivos e metas.

Sendo assim, é importante estarmos atentos em qual parede iremos encostar nossa escada para não perdermos tempo subindo degraus com laterais vazias, flácidas, pouco estruturadas ou mesmo subir degraus feitos de areia, que não são capazes de sustentar nossos sonhos e metas.

Não sabemos o que vamos encontrar no topo da escada, mas continuamos subindo, contando com paredes sólidas para nos apoiar e sustentar esses degraus.

Cada degrau revela uma nova paisagem, um universo que vai se ampliando à medida que subimos. Ao continuar subindo, é preciso estar atento a tudo que se vê, o caminho não deve ser ignorado: os itens e elementos que o caminho nos mostra servirão de impulso para que subamos um novo degrau. Necessitamos compreender que, nessa escada da vida, há possibilidades o esperando em cada ponto da subida. Não desperdice seu tempo permanecendo cego para o degrau onde se encontra, ele que oferecerá pistas sobre como pisar no degrau seguinte.

Frustrações são esperadas tanto quanto possibilidades. As texturas podem não ser tão belas e nem a paisagem um reino encantado. Frustrar-se é parte do caminho, pertence ao processo de continuar subindo. Elas não podem atravancar sua escalada, mas servir de lição e aprimoramento para os próximos passos.

O que estou tentando destacar é a importância da rota. A felicidade, a realização, o prazer e a conquista não são atributos exclusivos da chegada, logo, para todo propósito, é indispensável que se saiba desfrutar das metas e dos objetivos alcançados.

As reviravoltas, avaliações, alegrias, frustrações, reavaliações são inerentes ao caminho, à jornada que escolhemos para nós. Não existe contemplação de um propósito sem esforço, sem desafio e sem uma dose de frustração, pois todas as metas e objetivos requerem empenho.

E a escada? Continuaremos subindo apesar das adversidades encontradas? Sim, isso não muda. Precisamos ter em nós o anseio para continuar em frente, subindo e subindo a cada dia. Cada degrau tem sua especificidade, é uma etapa/objetivo com suas próprias características e metas. Se olhar para baixo perceberá que, ao subir o degrau seguinte, o anterior foi transformado pelo impulso, pelas sutilezas, pelo aprendizado em relação a ele e pelo próprio exercício de continuar subindo. Sua permanência no mesmo degrau pode estagnar sua vida e seus projetos. Sempre teremos degraus acima e isso representa que o crescimento humano não encontra fim no alcance de um objetivo trivial. Ninguém se sente completamente realizado

A PROPÓSITO: QUAL É O SEU GRANDE PORQUÊ?

porque alcançou esse ou aquele objetivo, mas o propósito pretende alçá-lo ao infinito de si mesmo, do outro e do mistério enorme que nos ronda. Em resumo, propósito não é alcançar uma única finalidade, sim um processo que visa dar coerência às inúmeras finalidades dadas pelas metas e objetivos. Portanto, não existe um fim do propósito, mas um constante refazer desse propósito, conforme subimos os degraus da escada: propósito infinito, escada infinita.

Contudo, cabe nesse ponto do texto pensar que precisamos analisar em qual tipo de parede apoiamos nossa escada. A subida não encontrará êxito no final, se a escada estiver apoiada na parede errada. Isso já foi dito no início, mas é importante reprisar, voltar ao tema para descobrir qual o seu cerne.

Há muitas paredes disponíveis, compete a cada um escolher qual conduzirá ao que queremos de fato. Se você não se encontra em posição de analisar ou escolher sua parede, então faça uma revisão geral nos seus propósitos. Sempre é tempo de mudar, alterar a rota, redescobrir. Ajuda muito fazer-se algumas perguntas básicas como, "Qual é minha parede?", "É nela que minha escada deve estar?". As respostas encontradas são como uma digital ou uma senha pessoal e intransferível, vai de cada um. A resposta do outro certamente não servirá para você, porque os propósitos são dele e não seus. É daí que emerge a necessidade de autoconhecimento: saber quem você é, qual a essência mais pura do seu ser. Meu desafio é explicar melhor nos próximos capítulos que propósito é algo que se constrói e não algo que você encontra.

O QUE É TER UM PROPÓSITO?

> O ponto de partida de todo prestígio, sucesso e riqueza está na definição de um propósito. Enquanto você não tiver um propósito claro e específico para sua vida, irá dissipar energia e dispersar pensamentos sobre diversos assuntos em variadas direções, o que em nada contribuirá para a conquista do sucesso, mas ao contrário, o levará à indecisão, à insegurança e, consequentemente, ao fracasso e à pobreza. (Napoleon Hill)

> A principal causa do fracasso da maioria das pessoas é a falta de metas claras, específicas e atingíveis, assim como a falta de um plano para desenvolvê-las. (Napoleon Hill)

Acredito firmemente que, em algum momento da vida, e isso independe da nossa faixa etária, passamos pelo desejo de querer desvendar qual o nosso propósito no mundo. Vivemos questionando uma, duas, três, infinitas vezes qual o nosso propósito. Acaso já percebeu o quanto isso, em vários

A PROPÓSITO: QUAL É O SEU GRANDE PORQUÊ?

momentos, é relevante? Você que está do outro lado lendo essas linhas, já se questionou sobre o que é propósito e se você tem um?

Quanto a mim, posso dizer que desde cedo tinha curiosidade sobre o mundo, sou identificado pelos amigos e colegas como o cara dos porquês. Essa curiosidade me fez desenvolver interesse por culturas, música, religiões, outras espécies e trilhões de questionamentos que permeiam a minha cabeça até hoje.

Recordo-me que, ainda criança, procurava explicações sobre o que viemos fazer no mundo, mas nunca obtinha uma razão ou resposta plausível. Acreditei muito nos ensinamentos cristãos e que, por diversos outros motivos, nós viemos ao mundo com alguns propósitos a serem cumpridos.

Sendo assim, perseguir e construir um propósito se refere ao quão primordial é estarmos empenhados nessa busca de nos compreender profundamente, lá bem dentro de nós. Compreender o que nos faz vibrar de emoção e explodir de felicidade, compreender o sentido em realizarmos determinadas funções e planejarmos certas escolhas. Este livro pretende expor tais ideias, se debruçar um pouco sobre essas questões que me inquietam desde que me entendo por gente.

Portanto, temos de nos concentrar em desvendar o propósito na medida em que se refere a nós. Em outras palavras, necessitamos perceber o propósito não somente como um conjunto regulador das metas e objetivos, mas também como esse gesto regulador se refere à nossa própria natureza: "Por que fazemos as escolhas que fazemos? O que nos move? Com que finalidade realizamos ações e iniciamos atividades?". Eis a razão do propósito ser um meio e não um fim: não há definição para ele, sendo um sinal indeterminado. Agir com propósito é assimilar, em suma, a finalidade última das nossas ações.

Agora fica claro que o gesto motriz por trás das ações, bem como a meta que pretendemos alcançar com elas, são sinônimos. Ambos são o agir do propósito em prol de um objetivo.

Sendo uma finalidade última, o propósito pode estar relacionado ao conjunto de crenças que uma pessoa desenvolve. Nesse caso, ele adquire sentido de valor, ou seja, por quais princípios você faz o que faz e o que realmente o impulsiona, por exemplo: "Trabalho para pagar minha faculdade e sustentar minha família, pois dependem de mim." ou "Trabalho para pagar contas em geral, para estar em conformidade com a sociedade". Nessa esteira, existe o elemento de sobrevivência – que é imperativo, mas que igualmente se refere a um conjunto de valores morais, biológicos ou sociais que têm um objetivo pautado nas crenças do sujeito e que não necessariamente refletem sobre os desejos particulares dele. Logo, qual seria o propósito mais profundo? Em outras palavras, qual o propósito que ultrapassa a sobrevivência psíquica ou biológica e adentra terrenos mais profundos das vontades ou desejos do Ser? O que motiva determinadas pessoas a realizar os objetivos que estabeleceram para si? Qual é o propósito que as conduz? Nesse caso, propósito também se relaciona à determinação ou a resolutividade com que elas consagram seus objetivos diários e de longo prazo.

Entretanto, o alcance do conceito de propósito é mais abrangente, uma vez que ele imprime significado ao que estamos vivendo e às atitudes que tomamos. Sendo assim, propósito é significar toda a nossa existência para obter uma sensação de

A PROPÓSITO: QUAL É O SEU GRANDE PORQUÊ?

prazer e felicidade. Nossos ancestrais, menos desenvolvidos se comparados com a mente contemporânea, limitavam-se aos instintos naturais, que os conduziam a desempenhar um papel de manutenção da espécie por intermédio dos métodos de sobrevivência, nesse sentido, podemos observar uma coerência de seus propósitos para com seus objetivos, o mesmo ocorre com os seres vivos em geral, propósitos e objetivos são a autopreservação. É uma finalidade vital, biológica, mas ainda assim um propósito de vida. Todavia, o homem evoluiu e com ele também evoluíram seus propósitos. Não se pode deduzir que os propósitos de felicidade do homem contemporâneo são os mesmos propósitos de felicidade dados nos primórdios da nossa espécie. Igualmente, não podemos nos comparar com um gato ou a outros animais que, na sua curta vida, se preocupam em sobreviver, procriar, conseguir comida e ficar em segurança.

> (...) Você precisa entender que aquilo que você quer criar na realidade precisa, primeiro, ser criado na sua mente. Desenvolver um propósito definido é, então, criar na sua mente, de maneira clara e específica, aquilo que você quer ter na realidade. (Napoleon Hill)

Na busca de propósito, temos que pensar de forma singular. Não devemos assumir o que é o propósito do ponto de vista do seu vizinho, da sociedade, dos livros, das religiões e de outras fontes. É preciso dobrar-se em si e compreender o que sustenta seu propósito. O que existe em nós que produz o propósito. Encontramos diversos equívocos nesse sentido, como aqueles que julgam viver com seus propósitos, mas, na realidade, seguem os propósitos da família, dos pais e de outras pessoas. O propósito, que supostamente deveria ser algo singular, assume forma coletiva. É fundamental, portanto, nos atentar para refletir o propósito da nossa própria vida e não o dos outros.

> Apesar de podermos criar um propósito para inúmeros setores diferentes de nossa vida, o objetivo principal do termo, como empregamos aqui, é ter claro no presente o que desejamos alcançar no futuro. (Napoleon Hill)

Nosso propósito carece das características de quem o possui. Deve-se levar em conta que a maioria das pessoas é imitadora em graus variados, segue receitas e fórmulas prontas, sendo que o propósito está relacionado a um conteúdo extremamente particular e único. Sêneca disse que nenhum vento sopra a favor de um navio sem direção. Seu propósito é a direção, o lugar que o vento leva com suas ações. A jornada é única, ninguém nunca seguirá exatamente o mesmo caminho que você, da mesma forma, seu senso de propósito também é único.

Todos nós temos a necessidade básica de nos manter vivos, de lutar pela nossa autopreservação. Não existe nisso qualquer erro ou crime, é uma força natural que envolve cada figura humana e os seres da natureza, mas, para alcançar significados mais profundos na sua vida, será necessário esmiuçar áreas recônditas da sua existência.

Para gerar um senso de propósito, você precisa estar em movimento, seguir um caminho traçado pelo propósito que existe

A PROPÓSITO: QUAL É O SEU GRANDE PORQUÊ?

em sua mente, trilhar uma jornada, cujas ações sejam coerentes com alguém que possui propósito.

Não é que exista um meio ou ferramenta universal para descobrir o propósito de alguém, temos múltiplas necessidades e objetivos, vezes mais superficiais e vezes mais profundos. O propósito de alguém pode não fazer sentido nenhum para mim e o meu não fazer sentido nenhum para determinadas pessoas. Alguns preferem ser um navio sem direção, viver como um gato e outros querem fazer diferença na vida das pessoas por meio de atitudes altruístas e grandiosas.

Embora não possamos entrar na mente de um animal, é seguro dizer que somos animais, porém racionais. Nosso cérebro é muito mais desenvolvido, pois somos capazes de raciocinar de modo que os animais não conseguem.

A vida tem bilhões de dimensões e propósitos. Todo organismo na Terra tem um propósito que é coerente para ele, isso inclui todos os seres: plantas, animais e microrganismos. Considere formigas ou cupins, por exemplo, são pequenos insetos que podem construir um formigueiro ou cupinzeiro um milhão de vezes maior do que o tamanho deles, usando o grande número a seu favor, sem ter nada além de pernas, mandíbulas, argila e saliva. Isso mostra o poder da comunhão, especialmente a unidade dela em prol do objetivo. O propósito desses animais, nesse sentido, é conjunto ao instinto. Em outras palavras, o propósito das formigas e dos cupins é o cumprimento de determinada função que incorre em objetivos comuns e autopreservação, não se trata de uma atividade racional e com juízo, mas é estabelecida de forma coletiva, a fim de cumprir com a permanência e posteridade da espécie. É necessário distinguir função e propósito, pois a função visa atender os objetivos, sendo eles coletivos ou não, enquanto que o propósito permanece individual e singular. No exemplo dado, portanto, a função das formigas e cupins é cumprir atividades (objetivos) no coletivo que, por sua vez, satisfazem as condições de cumprimento do propósito de autopreservação. Existe uma similaridade entre os dois conceitos, mas não são a mesma coisa.

Tomemos o exemplo das formigas e cupins nas suas devidas proporções para a dinâmica humana, nos valendo da função e do propósito, nesse caso, podemos encontrar em uma seara a função de um sujeito no coletivo a fim de cumprir objetivos que acabam por orientar o propósito individual. Diante disso, é possível assumir que existem dois tipos de propósito: o primeiro que usa sua função coletiva a fim de se beneficiar pelos dividendos de sua ação, e o segundo que faz da sua função um bem comum, para cumprir com a satisfação dos objetivos do coletivo. O que realmente importa é descobrir o propósito que alimenta seu espírito, se ele é um propósito com o fim em si mesmo ou com o fim para os outros.

É importante notar que o propósito, bem como os objetivos coletivos nascem na individualidade. Logo, ao designar um propósito para si, com o fim em si mesmo ou não, é possível que o cumprimento dele afete outras pessoas. Um empresário, que tem o propósito de crescer corporativamente, oferece trabalho para muitas pessoas, sustenta família e interfere na situação socioeconômica do país, por exemplo. Diante disso, em ambos os casos de propósito, o cumprimento dele conforme metas, objetivos e funções, acarreta, em alguma medida, o envolvimento dos demais para que ele seja consolidado.

A PROPÓSITO: QUAL É O SEU GRANDE PORQUÊ?

Tendo em vista esse detalhe, da mesma maneira que existe predador e presa, temos dois tipos de pessoas: as consumidoras e as produtoras. As primeiras consomem o trabalho de outras, o capital humano e econômico, os recursos naturais e utilizam do bem comum para seu próprio benefício. Já as outras produzem para o meio em que vivem, para suas famílias, para o planeta e para qualquer espaço ou ser que cruze seu caminho, são indivíduos que têm como função produzir benefícios coletivos. Por exemplo, o sujeito que planta a árvore, que acolhe animais abandonados seria um produtor, enquanto aquele que arranca a árvore, abandona animais e pessoas é um consumidor.

Não existe método suficiente para verificar a pertinência de um propósito como um todo, é improvável que encontremos um modo em nossas vidas, são milhares de perguntas para poucas respostas. Gerações viveram e morreram sem realmente saber com convicção se há ou não um grande plano por trás de nossa existência. Igualmente, é certo que outras gerações virão seguindo as mesmas dúvidas que suas antecessoras, entretanto, é plausível dizer que podemos encontrar um propósito que mobilize a nossa existência.

A visão de um propósito mais genuíno e consistente é conquistada não em uma planície, em que as pessoas deduzem possuir um propósito amplo a partir do horizonte. O propósito só pode ser contemplado em sua real dimensão quando subimos ao cume da montanha e olhamos detidamente para o panorama. À medida que você ganha um ponto de vista maior, mais entenderá da jornada do propósito em si. Ao compreender a trajetória, verá para qual propósito – ou propósito nenhum – ela está inclinada.

O propósito não é uma justificativa simples, comum e corriqueira para suas ações, não pode ser esvaziado de sentido pelo mau uso do termo, ele é o bem supremo que rege sua vida. Falar de objetivos elementares é contraproducente, porque eles não refletem realmente o que é o propósito que os justifica. Quando não se é ciente de seu próprio propósito, os objetivos não são convergentes a ele, de forma que o agir e o ser não possuem consonância entre si.

Você só pode descobri-lo seguindo a jornada, seguindo o caminho, aprendendo à medida que avança e ganha perspectiva e entendimento mais amplos. Para isso, é necessário percorrer o caminho do autoconhecimento, que nos leva a compreensão de si, do Ser, assim, articulando o propósito que dá significado à vida.

Acreditar que o conhecimento do propósito é um produto do acaso, frente ao que já percorremos até aqui, não é um pensamento coerente. Até mesmo nos seres não-racionais, é presente algum tipo de ordem, que nos impede de acreditar que estamos perdidos dentro de uma esfera mantida pela luz solar e outras forças naturais.

Podemos observar essa hipótese, considerando que, muitos seres que passaram por aqui, cumpriram o objetivo de dar o que vieram para dar. Basta observar a hierarquia em todas as categorias, como a cadeia alimentar e outros fenômenos, para percebermos que cada ser tem sua função, corroborando o entendimento de que suas ações se desdobram coletivamente.

Logo, o propósito pode contribuir com todo e qualquer atributo que você trouxe consigo, algum talento, ideia, força ou sabedoria que

A PROPÓSITO: QUAL É O SEU GRANDE PORQUÊ?

traz na sua vida interior. A ordem natural converge inteira para o senso de contribuição e coesão. Sem o propósito, conforme dito, somos apenas consumidores.

> A firmeza de propósito é um dos mais necessários elementos do caráter e um dos melhores instrumentos do sucesso. Sem ele, o gênio desperdiça os seus esforços num labirinto de inconsistências. (Philip Chesterfield)

Boa parte do tempo estamos dando alguma coisa, algo de nós, seja bom ou ruim. O estágio que você descobre que é um colaborador inato ao todo representa um dos maiores marcos do seu desenvolvimento. O processo de doação e de recebimento é infindável, de forma que toda contribuição é também um fomentador do propósito. Logo, ter um propósito é estar ciente que nunca estamos realmente prontos, mas em constante mudança. Inclusive, o nosso propósito se transforma à medida que evoluímos. Reparem nas diferenças de propósito quando se é criança, adolescente ou adulto. Construir ou aprimorar um propósito cada vez mais consistente e duradouro é muito mais complexo do que imaginamos. É uma demanda de preparação contínua e amadurecimento mental.

Estamos no mundo com objetivos e propósitos muito específicos que podem ser individuais, coletivos ou ambos. Estamos aqui para participar de uma ordem maior que se encontra no mundo, sem que isso exclua nossa individualidade. Participamos de uma vida prática e intelectual, e, para entender o propósito, não podemos considerar apenas uma das partes, pois participamos das duas formas.

> "O segredo do sucesso é a constância do propósito."
> (Benjamin Disraeli)

Se tivéssemos acesso ao sentido de todas as coisas talvez pudéssemos definir, com maior precisão, qual é o nosso papel dentro desse sentido. Como não podemos determinar o papel dele, é preciso sondar qual é o nosso em particular e conhecer, através da investigação de nós mesmos, o nosso propósito.

Uma das primeiras iniciativas para descobrir um propósito é entrar em um entendimento e movimentos diferentes, que nos levem para um maior estado de consciência de um todo. Como a consciência vem habilitada por essa compreensão mais profunda, podemos entrar no cerne mais propício para o surgimento de propósitos.

Essa consciência vem do conhecimento de si, do outro e da vida em sua real dimensão. Temos que aprender a fazer perguntas, especular respostas, responder e assimilar as grandes lições de discernimento, comunicação e afinidade que a vida apresenta por intermédio do seu funcionamento.

É certo que as pessoas têm seu próprio entendimento do todo e, dentro de suas crenças e valores fundamentais, refletirão sobre seu próprio senso do propósito. Alguns sequer acreditam em propósito, eles simplesmente existem e aproveitam seu tempo na Terra da melhor maneira possível, dia após dia como os ateus e niilistas, por exemplo. Os religiosos podem encontrar seu propósito dentro da igreja ou em relação à sua espiritualidade, como os profetas e os sacerdotes. Outros podem nascer com certos talentos que são evidentes e que se tornam funções e, por sua vez, propósitos na vida,

A PROPÓSITO: QUAL É O SEU GRANDE PORQUÊ?

como no caso dos artistas e dos inventores. Já os intelectuais encontram seu propósito no amor ao conhecimento e a compreensão dele, como os sábios e os filósofos.

A maioria de nós passa a vida tentando descobrir qual é o seu propósito, seja através do trabalho, das contribuições para a sociedade, da filantropia ou por meio da busca de uma dimensão de satisfação individual.

> **"Todas as graças da mente e do coração se escapam quando o propósito não é firme."**
> (William Shakespeare)

Sendo assim, propósito é um fim último, significando um resultado que você busca alcançar com suas ações. Parte desse propósito pode ser conhecido pelo ato de sobreviver, crescer, amadurecer, se desenvolver (aperfeiçoar a si próprio), encontrar e entender o belo e o justo em nós e no mundo. A busca pela verdade, justiça, o que é ou não correto, o entendimento de gestos como generosidade, amor, solidariedade, misericórdia, cooperação, paz, ordem e segurança, são grandes exemplos do processo de construção e alcance do fim último que é o propósito.

Ao longo de vinte anos, Napoleon Hill estudou a vida de mais de 16 mil pessoas. Durante esse tempo, organizou e analisou cuidadosamente um grande número de dados sobre cada uma delas. Uma das constatações mais contundentes desse estudo foi de que 95% das pessoas que não obtiveram desempenho satisfatório na carreira não tinham claro o que queriam da vida. Já os demais 5% que alcançaram sucesso notável, não apenas possuíam um propósito definido, mas também tinham um plano claro e específico para executá-lo.

Logo, podemos classificar os propósitos conforme sua abrangência: os inferiores que, em uma escala individual, correspondem a proteger e beneficiar a própria vida, e os superiores, que intentam por beneficiar o coletivo e o ambiente. Sem um propósito de vida superior, vemos tudo sem sentido, já que o benefício para si termina em si mesmo. Essa falta de abrangência acarreta sentimentos como ansiedade e a depressão, as duas principais doenças do século XX que se estendem até o século XXI.

Independentemente do sucesso que tenhamos com nossos objetivos pessoais (inferiores), sem um propósito de alto nível humano (superiores) nossa existência perde boa parte do seu significado mais amplo. Não é certo dizer que a vida é uma jornada e que o importante é "aproveitar a viagem e esquecer o destino"? Se você se encontra em um trem, não deve apreciar as belas cenas antes de perguntar: "Por que estou aqui? Onde é o destino?". Primeiro devemos perguntar: "Qual é o propósito da vida? Qual é o valor da vida se não sabemos o propósito dessa vida?". Essas perguntas são vitais tendo em vista que, de acordo com Sócrates "Uma vida não examinada não vale a pena ser vivida". Dessa maneira, temos que pensar o que a vida é e quem somos para alcançar um propósito abrangente ou que não abarque somente os interesses pessoais e egoístas.

> "Um homem sem propósito é como um navio sem leme." (Thomas Carlyle)

A PROPÓSITO: QUAL É O SEU GRANDE PORQUÊ?

Viktor Frankl, o conhecido neurologista e psiquiatra austríaco, autor de "Em busca de sentido", afirma que "nossa missão na vida não é inventada, mas a detectamos, cada pessoa tem sua própria missão ou vocação específica". Frankl, que sobreviveu aos campos de concentração nazistas, concluiu que existe no nosso interior algo inviolável a despeito das circunstâncias, em outras palavras, mesmo nas circunstâncias mais difíceis, estamos internamente predestinados a criar ou evitar situações, sejam elas quais forem. Essas reflexões nos trazem de volta ao valor do propósito, apesar de todas as dificuldades, podemos reunir ferramentas de natureza íntima e pessoal para poder construir um propósito na vida.

QUEM É VOCÊ DE VERDADE?

> "Conhece-te a ti mesmo." (Sócrates)

Refletindo sobre a máxima "conhecer a ti mesmo" surge o questionamento do que seria realmente conhecer a si mesmo.

A partir desse questionamento, comecei a analisar a mim e também outras pessoas na tentativa de chegar a uma conclusão pelo menos lógica sobre o assunto. Para minha surpresa, notei que é muito difícil saber quem somos realmente. É muito fácil dizer o que gostamos de ser ou de fazer, mas afirmar categoricamente quem somos não é tarefa simples.

Diversas vezes nos iludimos sobre quem somos, tornando-nos o que não nos corresponde, já que respondemos apenas pelos anseios da sociedade.

Quando me analisei de maneira mais profunda, descobri que me conheceria mais e melhor se eu passasse a viver com a minha própria visão de mundo, pois é ela que capacitará a formação do indivíduo único e ímpar que sou. Tendo meus próprios pensamentos e motivações, deixarei de ser mais uma peça na engrenagem de uma sociedade consumista.

Quem é você realmente? Será que somos o que nos diz o criacionismo, o evolucionismo, a física, a química, as religiões universais e várias correntes de pensamento?

"Conhece-te a ti mesmo" era a máxima que orientava todo o pensamento helênico. Como discernir corretamente por que fazemos o que fazemos, por que agimos como agimos, por que somos assim do jeito que somos?

Faça a pergunta fundamental de sua vida.
Quem sou eu?

Este capítulo trata da identificação da consciência existencial ou autoconsciência como o eu maior ou eu superior, a saber, aquilo que transcende suas ações ou objetivos como trabalho, estudo, relacionamentos sociais ou íntimos. Nessa altura, é imprescindível esclarecer que, sem a consciência de si, é impossível instaurar um propósito válido. O propósito emerge do conhecimento de quem somos e como nosso ser se conecta com o mundo, ultrapassando as superficialidades que nos habituamos a praticar para sobreviver.

Apenas com um passo além dos automatismos que nos transformam em seres sociais, íntimos e profissionais, estaremos aptos a conseguir identificar o nosso eu. Se não fizermos uma investigação sobre nós mesmos, ou que se dobra em si mesma, corremos o sério risco de buscarmos um propósito impulsionado pelos valores já estabelecidos, associando propósito com conquistas de bens materiais, *status* acadêmico, profissional, religioso, sucesso artístico ou fama midiática. É improvável que, se apropriando desses nichos, o eu seja realmente capaz de perceber dentro da sua natureza qual lhe é o propósito correspondente.

As experiências atestam que a insatisfação é a força motriz que rege a condição humana. Se a realização profissional e material fosse o segredo do eu maior, teríamos muitas pessoas felizes no mundo e não é isso que o uso de antidepressivos e doenças psicológicas mostram nas estatísticas.

Estudos já provaram que uma pessoa não é mais feliz porque alcançou o sucesso profissional e financeiro. Propriedades e *status* não garantem a plena realização. O aumento do estresse no mundo corporativo remete a uma constante insatisfação de seus membros.

Se para alcançar o seu propósito precisamos descobrir o eu, precisamos formular perguntas. Refletir sobre quem somos nos faz entender como usar a nossa identidade na busca de um propósito.

O primeiro passo para se tornar um pensador de sua própria natureza e seu propósito neste mundo, é fazer perguntas e buscar meios particulares de as responder. Para respondê-las, temos que ficar pautados tão somente no debruçar-se sobre si mesmo, sem convocar nenhuma força ou influência externa para nos ajudar, pois ninguém se encontra se não despertar para a consciência de que está perdido, perdido no que toca à falta de diretriz, do propósito, de um reconhecimento do significado da existência.

Não há motivo para se envergonhar por estar perdido, frustrado, com medo, inseguro sobre o seu futuro, cheio de ansiedade, completamente insatisfeito e sufocado com a sensação de estar sem saída. Muitos ao se olharem no espelho se sentem frágeis, presos em atividades insatisfatórias, à espera de uma intervenção divina, de alguma

A PROPÓSITO: QUAL É O SEU GRANDE PORQUÊ?

sorte ou milagre que mude tudo em um estalar de dedos. Mas isso não irá acontecer, porque a vida é a reunião de alguns esforços pessoais que, somados, mobilizam forças internas e externas que irão operar mudanças significativas. O estado de apatia não irá fazer o trabalho por nós.

Contudo, cabe pontuar, para que não existam equívocos sobre o assunto, que o autoconhecimento não reserva apenas uma vida confortável e satisfatória. Descobrir quem somos implica em uma trajetória que gera alguns desconfortos, afinal, estamos saindo da nossa zona de conforto em que tudo era aceito passivamente e sem confrontos. Sendo assim, o enfrentamento sobre quem somos é fundamental, mas existe um preço pesado a ser pago. Há garantias de recompensas, mas o caminho até o eu é também tortuoso, cheio de surpresas agradáveis e desagradáveis. A aquisição do senso de si e a descoberta do propósito é um processo muitas vezes longo, entretanto, se ela cria desconforto antes, ao final proporciona uma nova sensação de liberdade. Há também grandes consequências a serem pagas por não sermos nós mesmos e elas não são pequenas, acredite.

Conforme citado anteriormente, algumas perguntas facilitam a jornada para dentro do universo infinito do eu, são elas: "O que é o verdadeiro eu? Como ele se forma? O que não sou eu? Quais são os vínculos do eu com meu propósito? Como o eu se relaciona com meus valores, minha vocação, minhas paixões, meus papéis sociais e meus *hobbies*? O que me proporciona uma realização plena?".

O primeiro passo na identificação do seu real propósito é perguntar mais do que construir respostas, embora a pergunta seja metade da resposta, uma vez que o eu que questiona traz junto com a pergunta a possibilidade de infinitas respostas. Sobretudo, o questionamento é que impulsiona, como a escada apoiada na parede, o entendimento do eu e seu vínculo com o propósito. Logo, a busca do propósito e significado se inicia em conhecer de fato a si mesmo, ou seja, uma busca de dentro para fora.

Quando descobrimos quem somos, começamos a perceber nossas necessidades verdadeiras. Portanto, o que importa para nossa vida se revela a partir da condição real do ser que de fato somos e não o que os outros querem ou o que deduzimos ser.

O que afeta diretamente a busca de significado da vida, a busca do eu e, consequentemente, do seu propósito, é se a sua visão sobre si é limitada. O que seria essa visão limitada? Moldar-se conforme os preceitos externos e não de acordo com as necessidades internas. Muitas vezes, para chegar ao que você é, faz-se necessário descobrir o que você não é. Você pode ser influenciado por seus amigos, seus pais, seu chefe ou seu parceiro amoroso, mas você não é o que eles esperam que seja. Eles influenciam a sua identidade, assim como o alimento participa da manutenção e do desenvolvimento físico. Ao longo do tempo, você imprime inconscientemente a crença do que você não é e toma isso como sua identidade. É por causa dessa crença errônea de quem você é (não sendo) que você tem vagado de um objetivo a outro, de uma meta a outra, sem clareza de propósito, pois não executa a reflexão que investiga seus anseios e sim os de terceiros.

Existe um abismo entre influenciar ou contribuir para o desenvolvimento e sermos cópias fiéis dos desejos e propósitos das pessoas que fazem parte do nosso dia a dia. Se seu pai escolhe sua profissão, e o tipo de pessoa com quem deve se relacionar, então, seus propósitos estão estacionados dentro de você, para que os de

A PROPÓSITO: QUAL É O SEU GRANDE PORQUÊ?

seu pai em relação a você se cumpram. Se seu chefe quer que você seja um autêntico chefe de vendas, e você consegue ser um, então está suprindo as expectativas pautadas nos propósitos que seu chefe incumbe a você. Por mais que a sociedade tenha sua função positiva na nossa formação, ela também está propensa ao papel de modeladora dos propósitos e é nesse sentido que deve existir uma separação entre o eu e o outro, separação, aqui, no melhor dos sentidos. Eu sou eu, o outro é o outro e no meio do caminho nos encontramos para compartilhar experiências, que podem ser ricas para ambos. Inclusive compartilhar propósitos divergentes que são mutuamente complementares. Se fulano é um empresário e se centra em ganhar dinheiro, enquanto sicrano é espiritualista e está mais voltado para a cultura do desapego, eles podem ser complementares para evitar os excessos das duas partes, pois a vida não é só material e também não é apenas espiritual.

Quando uso o termo "separação" é no sentido também de que a "parte" precisa ter consciência de si, enquanto parte para integrar-se ao todo. Em outras palavras, como diria Guimarães Rosa – "quanto mais perto de mim, mais perto do outro". Quanto mais aparelhados estamos de autoconhecimento, mais capacitados estaremos para nos integrar aos grupos sociais. Quem desconhece a parte, também desconhece o todo, pois ambos estão conectados.

Os papéis sociais que desempenhamos podem ou não se desdobrar em fantasias e ser contraídos pelo mundo exterior que os forja. A mídia, as redes sociais e o universo *online* contribuem bastante para os equívocos que desenrolamos sobre nós no dia a dia.

Cada vez que somos desconsiderados como seres únicos – com peculiaridades que devem ser respeitadas –, nos inserimos mais e mais como um objeto predefinido em um mundo todo conceituado intelectualmente. Abstraímo-nos de nós mesmos e seguimos uma vida sem propósito, o que se perpetua de geração em geração como uma doença hereditária.

Desse modo, é fácil constatar que propósito e ilusão não caminham na mesma esteira. O seu propósito nasce da descoberta do eu e não de um falso entendimento de quem você é. Como dito antes, ou você é um mero consumidor de recursos ou é um produtor. Quando descobrimos o eu maior, também descobrimos o poder da empatia. Uma vez que dividimos a mesma condição – humana – aprendemos dividir e nos livrar do egoísmo. Aliás, este é outro aspecto a destacar: conectar-se ao eu maior não tem relação nenhuma com egoísmo. O egoísmo é fruto do nosso eu superficial e imediato, que não consegue enxergar nada e ninguém além de si e de suas necessidades.

Guimarães Rosa já falava que à medida que nos aproximamos da nossa essência, mais nos aproximamos do outro. É um mecanismo quase automático. Uma equação exata. Porque o eu nos humaniza, já que está relacionado a nossa natureza humana mais profunda.

O fluxo de abundância ou escassez está ligado ao tipo de criatura humana que me sinto. Se sinto que tenho muito para dar, então dou; se sinto que meu eu é carente e precário, eu tiro. Por exemplo, se parto de um conjunto de crenças que me influenciam, que inconscientemente me fazem acreditar que sou um pequeno eu, que mal consegue satisfazer suas próprias necessidades, então automaticamente não me sentirei apto a doar nada para ninguém. A percepção ou identificação de quem sou definirá a forma como me relaciono com o mundo e as bases operantes que utilizarei para alcançar meus propósitos.

A PROPÓSITO: QUAL É O SEU GRANDE PORQUÊ?

Existem qualidades típicas do eu, não tenho dúvida de que as melhores pessoas que existem no mundo são as que descobriram seu eu superior.

O mesquinho está em uma escala de interesses individuais comumente encontrados em quem nunca teve contato com sua verdadeira essência, pois o eu compreende o espaço que o situa e que situa o outro, conseguindo criar modos de integração sem que ambos percam a preservação de seus interesses e subjetividades de vista.

Além do eu maior ser sociavelmente saudável, benevolente e solícito, ele também é autossuficiente, evolucionário, amoroso, criativo, conhecedor, receptivo e pacífico. Infelizmente, somos condicionados por inúmeros dispositivos sociais para sermos egoístas, vivermos com medo, incertezas, impulsividade, instintos de sobrevivência e outras mazelas de ordem supérflua associadas ao eu inferior.

Seu eu autêntico, eu real ou eu original é o que existe de mais legítimo e honesto em você. Não há mentiras, farsas, máscaras, papéis que sorvem a essência para dentro de um abismo de inquietações. Seu eu real é a versão mais autêntica de você. Ele deixa de lado todas as convenções, afetações e pretensões. Ele se manifesta quando você está mais aberto, vulnerável e despreocupado.

Pense nos momentos em que passou se sentindo totalmente confortável, fazendo algo que o satisfaz e nos momentos em que ficou completamente sozinho e à vontade consigo mesmo. Essas circunstâncias são frequentemente ótimas para revelar seu verdadeiro eu.

O mergulho interior é um trabalho solitário que não depende do aval de nenhum agente externo para ser executado. Não depende dos outros para validação do seu próprio eu, porque isso também é uma forma de se desviar do caminho. Essa busca é secreta e particular. Você pode dialogar com pensadores, mas o outro é sempre um intruso que na maioria das vezes tentará colocar o eu em conformidade com o pensamento dele, gerando conflitos. Não temos como ser o outro e nem ele ser como nós, a realidade da individualização que rege a busca do eu é um dos pontos mais incontestáveis dessa investigação de dentro para fora.

Concentre toda sua energia em descobrir tudo o que você é. Algumas correntes terapêuticas atribuem ao cliente o dever de se encontrar sem a intervenção do profissional. O dever de saber, de descobrir a si é inteiramente seu. Não adianta usar muletas, pois terá que perseguir essa trajetória acompanhada apenas por você mesmo. O mergulho solitário é parte do processo e da dobra de si para si.

Conforme dito, existem muitas perguntas que o ajudam a encontrar o melhor processo para conhecer o eu. Dentre elas está descobrir seu propósito, valores, crenças e o que o move quando ninguém está olhando.

Quando você está desconectado de si mesmo, é difícil saber o que você quer – e ainda mais difícil tomar as decisões certas para si. Quando se sente sobrecarregado por emoções negativas, ou acredita que seus sentimentos não importam para os outros, é quase automático ficar entorpecido e desconectado de quem realmente você é. Reconhecer suas emoções boas ou más contribui para a criação de um propósito, pois você usará seus valores, princípios e crenças para o instaurar.

Diversos pensamentos rodeiam nosso eu e, por isso, somos mutáveis. Para quebrar essa vereda de falsas identidades, basta colocar em dúvida nossas crenças limitantes. Quantas vezes nesse ano você parou para questionar quais conceitos não lhe servem mais e quantos outros o atraem? Coloque entre parênteses o que você acredita

A PROPÓSITO: QUAL É O SEU GRANDE PORQUÊ?

e defende como verdade absoluta, pois o que tomamos por verdadeiro ou falso tende a gerar precipícios completamente taxativos e asfixiantes. Para concluir, apoio-me na frase do memorável físico Stephen Hawking: "O maior inimigo do conhecimento não é a ignorância, é a ilusão do conhecimento". Acredito que o maior obstáculo na descoberta de sua identidade e na busca do propósito não é a ignorância, sim a ilusão do saber, ou seja, aquilo que defendo severamente como sendo verdadeiro.

A ferramenta do autoconhecimento é o recurso mais extraordinário que existe, só que não é um processo simples de se vivenciar. Ele envolve muitas perguntas que levam às descobertas que podem trazer muitas dores. Para nos conhecer, precisamos revisitar nossa infância, nossa família, as bases que moldaram nosso caráter, a origem de nossas crenças, comportamento, talentos, limitações e muito mais. Contudo, o autoconhecimento é a melhor escolha que se pode fazer na vida em prol de si mesmo e dos outros. Sei que não é fácil, diversas vezes temos que tirar alguns monstros e fantasmas que se encontram escondidos no inconsciente. Por isso, um dos passos mais importantes é fazer uma limpeza mental e extrair tudo o que atormenta o seu ser. Uma vez que você exorciza aquilo que estorva o seu caminho, traz à luz do reconhecimento, do entendimento, o que o impede de definir e alcançar seus propósitos. Quando seus medos vierem à tona, encontrará meios para lidar com eles e se libertar. Nesse processo sempre haverá um pouco de algumas reminiscências de medos, fantasmas, monstros, crenças e outros impeditivos, nunca estamos completamente imunes a isso. Você também descobrirá lacunas que nunca se preenchem, mas pelo menos aprende a viver com elas. Se existe um vazio em você, talvez não consiga se libertar totalmente dele, mas saberá lidar com sua existência sem que esse vazio manipule toda sua vida. Daí que provém a importância do autoconhecimento: descobrir o que o preenche para abrandar o que nunca será preenchido.

Quais são meus talentos ocultos? Qual é o meu propósito na vida? Como vou saber se eu nem sei quem sou?

Estou consciente do quão difícil é encontrar a resposta para todas essas perguntas, do quão complicado é saber qual delas deve ser respondida primeiro. Eu sei disso porque eu mesmo experimentei esse estágio que defino como meu despertar da consciência. No entanto, no momento em que encontrei minhas próprias respostas, descobri que meu objetivo na vida é ajudar as pessoas a viverem e ajudar a mim mesmo e tudo mudou por dentro e por fora.

Wayne Dyer comenta que "Só podemos dar aquilo que temos em nós mesmos", ou seja, sua visão de vida, seu modo de ouvir música, o que você carrega em sua alma. É necessário saber quem você é conscientemente. Se você não se conhece, é como não conhecer o manual de como você trabalha. Há pessoas que não se perguntam nada, elas se casam porque tem que casar, trabalham porque tem que trabalhar, tem filhos porque este é o fluxo sequencial do processo. Sendo uma consequência do nosso passado, das coisas pouco aprendidas em nossa infância, o fato é que precisamos saber de onde viemos. A infância é difícil, mesmo que você se lembre dela, quando você se coça dentro de si, no passado, percebe que guarda as coisas que não gosta e é isso que define você.

Todo este capítulo reitera a ideia de que é essencial ter um propósito e, para alcançar essa meta, é indispensável entender a si mesmo. Em outras palavras, devemos começar percebendo a profunda fonte interior de soluções, certezas e autoconsciência que carregamos enquanto potencial latente. No processo desse entendimento, surge a necessidade da ação direta que não se manifesta, porque está assombrada pelo fato de você não saber quem realmente é.

A PROPÓSITO: QUAL É O SEU GRANDE PORQUÊ?

Somente você está capacitado para definir quem é e qual é o seu propósito. Ele, por sua vez, só pode ser alcançado se der um *start* nesse processo de profundo autoconhecimento. Ao se conhecer, você se libertará do que pensa que é e conseguirá ferramentas para continuar construindo sua personalidade genuína, conectada a sua real essência e não a ficções criadas ao longo de sua vida sobre quem você acredita que é.

LIÇÕES DA CRIAÇÃO SOBRE PROPÓSITO: CONTRAPONTO ENTRE GENEROSIDADE E EGOÍSMO

> "Se vives de acordo com as leis da natureza, nunca serás pobre; se vives de acordo com as opiniões alheias, nunca serás rico."
> (Sêneca)

O renomado naturalista Félix Rodríguez de la Fuente nos diz que aprendeu que a natureza é essencialmente generosa e solidária, sendo o egoísmo humano o que interdita os benefícios que ela nos disponibiliza, segundo ele, a natureza oferece-nos tudo: água, comida, abrigo etc. Porém nos tornamos egoístas e possessivos, pois poluímos a água, enchemos o mar de plástico, a terra de herbicidas e metais pesados, criamos um turbilhão de destruição. Isso ocorre porque, se de um lado a natureza é solidária, por outro lado, o humano age de forma egoísta ao não saber desfrutar de seus recursos sem explorá-los ostensivamente. Os benefícios da na-

A PROPÓSITO: QUAL É O SEU GRANDE PORQUÊ?

tureza são, dentre muitos, doar luz solar, a beleza das estrelas, as chuvas, os climas, os sistemas reguladores, as leis físicas, químicas e tudo que é necessário para tornar o mundo um ambiente equilibrado, pronto para ser desfrutado, sem exigir algum retorno, exceto o respeito por suas próprias dinâmicas.

A generosidade da natureza também foi observada por José Maria Seguí, um biólogo que conhece intimamente as plantas e acredita que elas e nós somos iguais. Ele não é filósofo, examina as plantas a nível celular e molecular, ou seja, é alguém capacitado para dizer que tudo que precisamos se encontra no propósito da natureza, que é abrigar a vida na Terra.

Deepak Chopra nos ensina que a natureza não é só generosa com a ciência, mas também com nossos sentidos e espiritualidade. Tanto é assim que, em sua grande variedade de manifestações, espécies e fenômenos que ela produz, encontramos autênticas lições sobre como lidar com a vida. Ela fornece teorias que ensinam uma mensagem, cuja beleza e significado são indiscutíveis.

Utilizar as lições da natureza é assumir a responsabilidade de tudo o que sucede em nossa vida sem culpar nada. Somos as vítimas de nossa história, somos criadores de nossa vida.

Se entrarmos no mundo filosófico, Platão, na abordagem da realidade e na sua teoria das ideias, fala da natureza como um espelho de algo superior e que nela o homem se pauta.

Uma flor bonita, por exemplo, é uma cópia ou imitação das ideias universais de flor e beleza. A flor física é uma reprodução da realidade, isto é, de ideias. Uma pintura da flor é, portanto, uma reprodução secundária da realidade. O homem tende a imitar a natureza.

Portanto se a natureza é generosa e solidária, o homem também pode ser generoso e menos egoísta. Eva Julián afirma que "a natureza nos acolhe como outro de seus seres e nos regula".

Por seu lado, Santo Agostinho disse "O mal não existe, porque a criação de Deus é realmente apenas boa. A boa vontade é obra de Deus, a má vontade é desviar-se da obra de Deus" ao se referir à criação divina, ou seja, o mundo e a natureza.

A macieira dá maçã porque esse é seu fim último e com a espécie humana não precisa ser diferente. Devemos seguir nosso propósito e doar ao mundo elementos que corroboram para o funcionamento da natureza. Tudo que existe no mundo tem um fim e cumpre dignamente com ele. Nenhuma pedra tenta ser rio e nenhum rio tenta ser lagoa ou mar, cada qual habita seu lugar exercendo com lealdade suas funções naturais.

Jia Wei Zhang e colegas da Universidade da Califórnia e da Universidade do Sul da Califórnia conduziram quatro estudos diferentes para determinar se as percepções da beleza na natureza levam a tendências pró-sociais aumentadas, como agradabilidade, tomada de perspectiva, empatia, generosidade, confiança e aumento de tendências e comportamento altruísta. Os resultados mostraram que a natureza pode promover essas tendências quando é vista como bela e generosa, principalmente naquelas pessoas mais sensíveis à beleza dos cenários naturais.

Embora os pesquisadores reconheçam que as percepções de beleza podem ser influenciadas por características objetivas (por exemplo, simetria e contraste), esse estudo enfatizou a natureza subjetiva dos julgamentos de beleza e o papel de fatores individuais, como o apego de alguém a um cenário específico ou com inclinações para apreciar beleza.

Os resultados sugerem que a relação entre a natureza e a sociabilidade aprimorada podem ser devido ao potencial da natureza de provocar emoções positivas, o que, por sua vez, leva a um comportamento mais agradável, empático e generoso.

A natureza não tem preconceitos, não seleciona com perversão, a chuva e o sol são para todos. As estações ocorrem todos os anos em todos os lugares. A natureza não usa classe social ou qualquer outro aparato ou requisito prévio para beneficiar alguns e outros não. Disso provém o que pode ser classificado de generosidade absoluta e incondicional. O sol aquece e ilumina o bom e o mau sem fazer distinções. A flor que aflora do cacto desabrocha no deserto, nos dando lição de resistência e beleza.

A chuva não usa uma bússola ou sistema de seleção, não estabelece fronteiras ou limites. Ela rega todos os campos sem fazer qualquer sistema de barganha ou diferenciar países, cidades ou estados. Seu propósito é chover em todos os lugares da Terra e se cumpre como chuva que cai onde quer que seja.

Qualquer mão – velha, pobre, jovem, rica, negra ou branca, pouco importa – que se estende até a fonte receberá água. A fonte é uma oferenda eterna e aberta para todos os passantes. A alma humana, que vive sequiosa de doações generosas, recebe da natureza exemplos magníficos.

Miremos nas árvores que dão frutos, que oferecem comida aos pobres e ricos, e abrem espaço para qualquer ave que queira fazer delas seu ninho, quer seja canarinho de canto suave ou outra ave mais desafinada e barulhenta. A natureza é tão generosa! Aprendamos com ela que não vê saldo bancário ou posição social e outros medidores limitantes da generosidade. Fitemos o exemplo da Terra Mãe, que fértil acolhe, abraça e fecunda a semente sem medir quem a joga.

Aves, cigarras e outros nos trazem a música generosamente durante as manhãs, tarde e noite sem pedir uma sala de concerto para se exibirem. A natureza é um organismo ordenado próximo da perfeição. Ela faz tudo com um fim estabelecido. Se nos espelharmos nela, entenderemos que a vida sem propósito incorre no erro de não se cumprir como criatura humana.

Sean Gonzalez afirma que a ciência explica como passar o tempo na natureza aumenta a bondade e a generosidade.

O autor cita uma pesquisa realizada no Japão, Finlândia e Texas, na qual mostra que as pessoas que exibiram fotos na natureza tiveram um declínio natural na frequência cardíaca. Quando o estresse se torna um fardo esmagador, é exatamente o oposto. Se a natureza pode reduzir os níveis de estresse, a generosidade e a bondade são obrigadas a seguir o exemplo. Se suas terminações nervosas levaram ao aumento da frequência cardíaca em uma zona de animosidade, ela pode ser suprimida ao visitar as maravilhas da terra.

> **Os participantes de estudos da Universidade da Califórnia fizeram estudos sobre bondade para ver se a bondade se manifesta mais na natureza. Nos jogos econômicos –** *The Trust Game* **e** *Doctator Game* **– a confiança e a generosidade foram medidas. Verificou-se que as pessoas que viram imagens da natureza agiram mais confiantes e gentis do que as pessoas para as quais as imagens não foram exibidas. Em um estudo**

A PROPÓSITO: QUAL É O SEU GRANDE PORQUÊ?

> separado sobre bondade, os indivíduos foram solicitados a preencher pesquisas emocionais enquanto sentavam-se ao lado de plantas. Após a pesquisa, as pessoas mais próximas das plantas se mostraram mais generosas.
>
> (Sean Gonzalez)

Uma única árvore pode ser um ecossistema completo para muitos seres vivos, inclusive para nós humanos, sendo capaz de fornecer, alimentar, reter água, equilibrar o clima, ser um refúgio, gerar qualidade de vida em termos de condições da paisagem. Existem até teorias de que abraçar uma árvore ajuda a cuidar de sua mente e espírito.

As árvores são sistemas completos que equilibram o ecossistema e estes são apenas parte dos benefícios que elas geram para o nosso ambiente: favorecem o ciclo da água; evitam a erosão; retêm a umidade no solo; geram condições favoráveis para a construção de fauna; produzem o oxigênio que respiramos; fornecem sombra para equilibrar o clima; diminuem os níveis de dióxido de carbono no ambiente; produzem madeira; produzem alimentos não apenas para os seres humanos, mas também para a diversidade de seres vivos na natureza; são habitats de espécies menores; limpam o ar do tráfego urbano; previnem a poluição da água; geram sombra e reduzem a sensação de calor, principalmente na presença de concreto; melhoram a aparência da cidade; valorizam as propriedades; geram oportunidades econômicas para a valorização e comercialização de seus frutos e conhecimento para a indústria farmacêutica, alimentícia, cosmética e outras; curam – reduzem a fadiga mental e diminuem os sintomas de déficit de atenção em crianças e outras doenças; ajudam produzir fármacos; protegem nossas casas de deslizamentos ou desmoronamentos; geram corredores biológicos para animais como pássaros, esquilos que ainda estão presentes nas cidades. Tudo isso por serem generosas por excelência e por nenhuma outra motivação senão doar.

Sendo assim, um propósito estipulado egoisticamente segue na contrapartida dos processos naturais que são doadores conforme manda sua natureza.

Portanto, nossos propósitos precisam estar entrelaçados com realidades que ultrapassem a nossa. Imprescindivelmente, tem que acoplar-se a outros propósitos, formando a unidade essencial que une os seres, sem isso, somos partes soltas, movidos por forças materiais ou incompatíveis com o bem comum.

O VALOR DE SE TER UM PROPÓSITO

> "Os dois dias mais importantes da sua vida são: o dia em que você nasceu, e o dia em que você descobre o porquê." (Mark Twain)

De fato, esses são os dois dias mais importantes da minha vida, e fazer com que você também se descubra dessa maneira é o que me move e me enche de gratidão e satisfação. Em outras palavras, isso me dá propósito. Certamente, quanto mais pessoas tiverem clareza de seu propósito de vida, mais contribuições e impactos positivos teremos no mundo.

Se pensarmos que aquilo que guia nossa vida são os desígnios de um destino pré-moldado, em que cada pessoa vem ao mundo com um *script* pronto, seguido de forma automática, orgânica ou por osmose, sem nenhuma intervenção da nossa parte, então propósito não tem valor algum. Afinal, para que estipular um propósito se estamos predeterminados a viver de acordo com um plano da natureza ou de inteligências superiores? Não faz sentido pensar a vida como um roteiro pré-fabricado. Nós intervimos o tempo todo, cada ação nossa reverbera na vida de diversas pessoas, por mais que acreditemos na perfeita nulidade de nossos atos.

O propósito perde seu valor se não podemos interferir já que a vida é arbitrária e imperativa. Por outro lado, se a vida é destituída de significados mais profundos, então também não tem nenhuma lógica criar o propósito.

Quem credita tudo a uma inteligência divina nos faz de fantoches de seus caprichos, então, mais uma vez, o propósito fica despropositado.

Indo na contramão de um corolário de crenças muitas vezes destituídas de racionalidade mínima, temos o propósito como único elemento salvacionista de uma vida vazia de significados. Ele é a única força que pode funcionar como norte, diretriz e nos trazer estímulos para que possamos nos sentir guiados, orientados em direção a algum ponto de chegada.

Com um propósito, a vida adquire um teor de sentido e as pessoas se sentem mais seguras, com a paz de espírito típica de quem sabe aonde quer realmente chegar. O propósito oferece significado à vida e só você pode criá-lo. Se a vida é um palco, o propósito é o enredo e você o protagonista maior desse espetáculo.

Ainda que seja possível a existência da predestinação, é certo que a vida não é somente pautada no cumprimento do nosso próprio fado de forma mecanizada para vivermos conforme nossa biologia, meio cultural, preceitos religiosos, sociedade e outras molas propulsoras.

Se estamos dentro do cenário, é porque fazemos parte dele e participamos de sua composição. O mundo é um tecido em que cada parte contribui para sua unidade ou discrepância. Podemos ser o fio solto ou podemos ser as mãos que ajudam a tecer o mundo em que vivemos. Colocar-nos como nulos enquanto viventes e existentes é o que verdadeiramente extirpa o sentido de ser.

O valor de se ter um propósito é dar a si mesmo a chance de viver todos os dias com entusiasmo, energia e paixão. Se tais sentimentos encontram-se ausentes é porque ainda não descobriu o valor real de se ter um propósito. Isso pode parecer algo absurdo, pois você deve estar aí pensando que ninguém consegue amanhecer apaixonado e entusiasmado todos os dias, mas na realidade é como se sente a pessoa que tem um propósito, por isso ele tem tanto valor.

Indubitavelmente, não me refiro a acordar dando saltos até o teto, acordar cantando, viver arrancando ares e suspiros, mas viver em paz com os propósitos escolhidos.

Não sou lunático e não estou dizendo que uma pessoa possa ser feliz 100% do tempo. Todos têm seus vazios, tristezas, traumas que servem como interditos para uma vida mais feliz. Contudo, até as coisas negativas assumem uma nova posição quando você descobre o valor do propósito.

Na verdade, eu me refiro mais a uma paz constante e interior em relação a si mesmo. Um tipo de sentimento profundo em sua alma que só pode ser extraída de quem conhece seu lugar no mundo e faz o que é preciso para ser feliz.

O valor do propósito não é apenas o resultado em si. Ele está na trajetória também, no que sente enquanto o persegue. É um valor adquirido que não se esgota, está sempre lá.

O valor do propósito define as palavras que você usa para moldar o tema da sua vida: aceitação, persistência, ordem, conformidade,

A PROPÓSITO: QUAL É O SEU GRANDE PORQUÊ?

imparcialidade ou intimidade. Um grupo infindo de direções que permite decidir quais metas são realmente importantes para você.

Assim, a preciosidade do propósito está, inclusive, no que ele lhe proporciona em termos de bem-estar. Ele agrega valores e ações que são colocadas a serviço da sua vida.

O problema é que muitas vezes não sabemos como identificar o valor do propósito e os vínculos que ele tem com todas as categorias da nossa vida que são os relacionamentos familiares, íntimos ou de casal, relacionamentos sociais, trabalho, educação, lazer, espiritualidade, cidadania e saúde.

PROPÓSITO, TEMPO E ATITUDE

> "A vida é agora, nunca houve um momento em que sua vida não foi agora, nem nunca haverá."
> (Eckhart Tolle)

Não temos poder sobre o passado e nem sobre o futuro, o único que está sob nosso controle é o presente. Quem vive no passado ou no futuro está de alguma forma imobilizado e sem ação, pois precisa lidar com tempos fora do seu domínio.

Se você está estático no presente, então coisa alguma acontecerá no futuro e as pendências do passado, sejam da ordem que for, não serão solucionadas.

Ficar fixado no passado ou no futuro nos torna incapazes de agir adequadamente e, sem perceber, esquecemos o que é importante para viver aqui e agora. Precisamos desfrutar ao máximo da única coisa que realmente temos: o presente. O passado não está mais aqui e o futuro ainda não existe.

Sidarta Gautama, o Buda, disse: "Não pare no passado, não sonhe com o futuro, concentre sua mente no presente".

A PROPÓSITO: QUAL É O SEU GRANDE PORQUÊ?

Estamos acostumados a olhar para onde vamos pisar em vez de olhar para os nossos próprios passos.

Isso não significa que não devamos pensar em nosso passado ou futuro. O passado nos ajuda a aprender e progredir, o futuro nos ajuda elaborar nossas metas e objetivos, motiva a sonhar com o que queremos. Mas onde está o presente em tudo isso? O que estamos fazendo nesse momento?

Não estar presente é se ausentar da vida como ela se apresenta em seu instante mais poderoso. É no presente que amadurecemos e cuidamos do que precisa ser cuidado. Sua mente precisa estar fixada no agora e não no porvir ou no passado.

Existem várias armadilhas para escapar do presente: uma delas é idealizar continuamente o futuro e outra é ficarmos retidos no passado. Fazemos esse exercício de boicotar o presente até inconscientemente. Fomos treinados para não estar presente no momento de agora, para ignorarmos todo poder que o presente possui no amadurecimento de um propósito. Não é no futuro e nem no passado que o propósito será consolidado, e sim no presente.

Quando idealizamos demais o futuro, o presente perde o vigor que ele necessita para nos impulsionar para frente. Se acaso olhamos muito para frente, veremos a realização dos nossos objetivos como algo distante e a noção de que eles estão longe demais tende a gerar inúmeras frustrações. Você pode, por exemplo, achar que seu propósito está demorando muito para ser alcançado sendo que o valor do propósito está em executá-lo no presente, quando ele lhe oferece motivações para viver um dia de cada vez. Um futuro excessivamente idealizado transparece como um sonho que nunca será real.

O futuro é aquele minuto, aquela hora que ainda chegará e é carregado de dúvidas que não serão sanadas. Pensar no futuro é uma rota de fuga de um presente com o qual não nos sentimos confortáveis, mas se temos um propósito, ele nutre nosso momento presente e não precisamos nos ater nem no passado e nem no futuro. Ter um propósito traz em si uma abundância de significados de todos os tempos que existem: passado, presente e futuro.

Se você quiser fazer algo para alcançar seu propósito, faça-o agora. É o momento que você tem em mãos para agir em prol do seu propósito. O presente lhe oferece o poder da ação enquanto nem o passado e nem o futuro lhe oferecem o mesmo poder.

Não podemos atuar dentro do que já foi ou do que virá, e essa incapacidade deveria propiciar atuação maior no presente.

Não se alimente da ideia de que o amanhã será melhor do que agora, faça o que puder para modificar o seu agora que o resto virá como consequência.

Seja realista em seu presente e não crie um futuro imaginário que nunca chega, pois hoje é o futuro de ontem.

Se você deseja que um futuro seja cumprido, você deve articular seus propósitos para ele no presente. O tempo apropriado será sempre agora!

Não se concentre em arrependimentos, no que poderia fazer ou no que fará algum dia. Sua ferramenta real é o presente. É ele que conta, não deixe sua vida passar diante de seus olhos sem nenhum sentido, forçando a si mesmo a lidar com aquilo sob o qual não tem controle algum.

Aquele que está mortificado por coisas que já aconteceram e sobre as quais nada pode fazer encontra-se mentalmente ligado a um passado e desligado do presente.

A PROPÓSITO: QUAL É O SEU GRANDE PORQUÊ?

É necessário pensar que um propósito se forma gradualmente no presente, em cada ação e escolha que você faz ou decisão que você toma. Você não tem como tomar decisões no futuro e nem no passado, apenas no presente. As decisões, ações e escolhas que assume no presente por consequência repercutirão no seu futuro. Viver fora do tempo presente é considerado um dos maiores erros do ser humano. Ele entrega sua vida ao acaso, quando ignora o poder do agora.

> Ontem é história, amanhã é um mistério, mas hoje é um presente, é por isso que o chamamos de presente.

Sem dúvida, o presente é a única realidade que temos ao nosso alcance enquanto o passado já está para trás e o futuro um completo desconhecido.

Viver no momento presente é aprender a reconhecer nossas emoções e sentimentos, sendo capaz de impedir que a tristeza das lembranças passadas ou a ansiedade sobre o futuro nos paralisem.

Viver no presente implica também que podemos determinar até certo ponto quais as coisas boas e ruins que podem acontecer conosco. A escolha presente nos fornece esse poder.

Se a pessoa tem um relacionamento, não adianta pensar como ele será. Dê o seu melhor agora e os frutos dessa dedicação serão inevitavelmente colhidos.

Um empresário que fica sentado na poltrona esperando o mercado ficar aquecido, como foi um dia, ou que a situação econômica melhore não terá êxito nos negócios. A empresa dele fica fora do presente e ele não toma as ações necessárias a despeito do passado ou do futuro. Há empresas que tentam prever o mercado e outras que vivem as referências de um mercado que não existe mais e se esquecem de que o presente está disponível para novas elaborações. Sobretudo no mundo econômico, trabalha-se muito com previsões e não com certezas. Pensar no futuro é arriscado e ficar estagnado no passado furta o presente e o futuro.

Tentar controlar tudo faz parte do nosso instinto de sobrevivência, contudo, não sabemos se vai chover ou não, mas podemos ser cautelosos e estaremos mais bem preparados se levarmos um guarda-chuva. A atitude de levar o guarda-chuva é uma atitude presente. A precaução também não é nenhum crime, pelo contrário: avaliar e prever riscos devem ser as premissas básicas de qualquer estratégia. Lembrar-se de coisas passadas é parte do nosso senso memorialista. Temos uma memória e não podemos nos livrar dela. Meu argumento é sobre depositar todas as suas energias e disposições naquilo que não está ao seu alcance.

Na vida, nem tudo pode ser controlado. Quando queremos antecipar o que "poderia acontecer", paramos de viver no presente e começamos a viver sobrecarregados e estressados pensando demais no futuro.

A chave que abre e fecha todas as portas é o presente. Temos que estar cientes de que é no presente que aprendemos como agir em relação ao passado e ao futuro.

Incertezas e lembranças são admissíveis, desde que isso não o consuma a ponto de devorar seu presente. Precisamos ser tolerantes com o que é incerto e entender que implementar soluções no agora é a melhor alternativa de todas.

A PROPÓSITO: QUAL É O SEU GRANDE PORQUÊ?

Nem o passado nem o futuro existem como vivência. O passado é a base sobre a qual a vida é construída e só podemos falar por meio da memória. Da mesma forma, o futuro ainda não está realizado, portanto, temos apenas a projeção imaginária que nos permite discorrer sobre ele. Nesse sentido, a única coisa real é o momento presente, em que as experiências são incorporadas.

A psicóloga Elena Mató afirma que a única situação que realmente precisa ser enfrentada em qualquer estágio da vida é o momento presente. Você sempre pode enfrentar e resolver qualquer situação no presente. As respostas, os pontos fortes, as ações, os recursos estarão lá no momento certo em que são necessários, não antes ou depois e sim nos momentos que compõem o presente.

Quando você pensa negativamente sobre o passado ou o futuro sofre emocionalmente, como se essa situação fosse parte do presente, causa exaustão emocional desnecessária por uma realidade lembrada ou imaginada.

Pensar em um momento diferente do presente não precisa ser necessariamente um problema que dissolve seu presente. Ao contrário, pode se tornar de muitas maneiras, muito enriquecedor.

Entretanto, o que é realmente importante é a liberdade de ação que você assume no seu presente, o poder que tem sobre ele. No presente, é possível voluntariamente entender que a partir da situação passada extraímos aprendizados e que projeções futuras são realizadas a fim de cultivar um presente frutífero e bem aproveitado.

No presente, apenas você tem a capacidade de decidir o que pensar, o que sentir e no que focar sua atenção. Essa capacidade é uma verdadeira potência criadora de propósitos sólidos.

Ter um propósito não é viver com medos ou preocupações com o futuro. A antecipação com conotações negativas geralmente leva a previsões catastróficas do que pode acontecer.

A pessoa que devaneia em demasia sobre o que deseja alcançar deixa sua mente retida no futuro. Ela é consumida pela espera e pelo desejo de alcançar uma determinada situação que ela nem tem certeza de que existirá. O presente é o veículo por excelência para alcançar qualquer propósito.

Existem muitas vantagens em viver o momento presente, entre elas a maior concentração no que está acontecendo ao nosso redor ou no que estamos fazendo. Podemos nos aprimorar observando o que está sendo praticado naquele momento presente.

Ter uma mente focada no presente traz mais consciência, o que nos conduz a uma sensação de prazer em vez de arrependimentos, nostalgias ou ansiedade.

No presente, podemos fazer melhor as atividades, pois não estamos com a mente ocupada com outras coisas, o que permite usar toda nossa capacidade e concentração às ações presentes.

Ficamos mais centrados quando vivemos o presente, somos cognitivamente melhores, mais produtivos e reduzimos o número de preocupações que desencadeiam quadros de estresse. Nesse estado de alerta para o presente, você se torna um sujeito preparado para executar ações que o levarão direto à consumação do seu propósito. O propósito é o resultado de muitos momentos presentes bem vividos. Não foi o passado e nem será o futuro que construirá o seu propósito, mas cada momento que está realmente presente na sua construção.

A PROPÓSITO: QUAL É O SEU GRANDE PORQUÊ?

O propósito não pode se tornar uma fonte de ansiedade, caso contrário, não poderá ser alcançado. Sua cabeça ficará confusa, perdida em agitações sobre o futuro e as ferramentas necessárias para consolidar seu propósito serão esquecidas, no meio de penduricalhos mentais dispensáveis. O caminho se faz caminhando e a busca do propósito é alicerçada com um passo de cada vez.

Um propósito se consolida quando é recriado no instante presente. Se uma bordadeira ficar concentrada na data da entrega do trabalho e no pagamento, não terá competência para executá-lo, pois sua mente não está centrada nele, e sim no futuro, ou se ela pensar em algum outro que tenha dado errado, o mesmo acontecerá.

Aprendendo a nos observar no momento presente, nos tornamos capazes de analisar e questionar uma série de fatos como, se estamos nos concentrando exclusivamente no nosso propósito, se estamos emocionalmente estáveis para lidar com ele. A angústia, medo ou ansiedade nos conduz a lamentar eventos ou ações passadas, atingindo estado de apreensão ou culpa. É imprescindível nos determos no problema que existe aqui e agora, nesse exato momento. Verificar se existe algo que não vai bem exige de nós energia para nos dedicarmos às soluções.

Devemos valorizar positivamente nosso propósito e prestar atenção especial ao que realmente funciona para o alcançar.

Se reconhecermos a singularidade de cada momento, estaremos aptos para manejar cada instante com perspicácia. Inclusive, podemos nos reconciliar com o passado e projetar o futuro que realmente queremos construir.

Se um piloto da Fórmula 1 ficar concentrado no pódio ou nos carros que o ultrapassaram – o já acontecido – e não se deter na sua posição naquele momento, então estará fadado ao fracasso, pois não deposita suas competências na sua atual posição, no momento do agora.

O autor alemão Eckhart Tolle, por meio de seu livro *The Power of Now*, explica como a origem do sofrimento humano se baseia na atividade incessante da mente. Ela insiste em nos manter ocupados com eventos passados ou angustiados pela incerteza do futuro. Presos nesse mundo de ideias, somos incapazes de captar (e aproveitar) o momento.

O presente é um fator positivo para o desenvolvimento sólido do propósito. Se sua mente fica ocupada com fatos passados e angustiada pela incerteza do futuro, seu propósito perderá com isso, porque você não irá se dedicar completamente em firmar suas bases para que ele seja atingido. Seu propósito está onde sua mente está e ele não pode estar no passado e nem no futuro, apenas no presente, que fornece todos os requisitos para que ele se fortaleça e se torne real.

De acordo com o Sutra da Consciência, que é o discurso proferido pelo Buda aos monges, ele apontou que "quando um monge caminha, ele sabe: estou caminhando; quando ele se levanta, ele sabe: eu estou de pé; quando ele está sentado, sabe: estou sentado; quando ele se deita, sabe: estou deitado; e também ciente de qualquer outra posição do corpo".

Parece óbvio, mas, se você analisar cuidadosamente, verá que muitas vezes nossa mente é carregada como uma folha ao vento de cá para lá e não nos deixa cientes de nossas próprias ações, não percebemos se estamos andando, cozinhando ou comendo, tudo acontece mecanicamente. O propósito não é algo mecanizado, uma vez que precisa ocupar sua mente com estratégias e planejamentos elaborados no momento presente.

A PROPÓSITO: QUAL É O SEU GRANDE PORQUÊ?

Contudo, cabe salientar que manter a mente no presente não é um processo fácil já que requer vontade e disciplina. O primeiro passo é criar o hábito mental de se conectar com o presente. Toda vez que perceber que sua mente está girando em torno de eventos passados ou projeções futuras, pratique a atenção plena e tome consciência do que você está fazendo naquele momento, então olhe ao seu redor e veja todos os detalhes e depois pense no que pode fazer no presente instante para alcançar seu propósito.

José Manuel Garrido nos fala da prática da Atenção Plena:

> A atenção plena (*Mindfulness*) é um estado que pode ser cultivado e treinado, em que uma pessoa se torna consciente de uma experiência presente e responde a esta experiência sem julgamento. A prática da atenção plena geralmente leva a uma sensação de equilíbrio e bem-estar psicológico.
> Para cultivar a atenção plena, não é necessário se esforçar para criar um estado mental específico, como relaxamento. A tarefa é simplesmente estar ciente de todos os pensamentos, sentimentos ou sensações que surgem no momento presente e permitir que todos os pensamentos, sensações ou sentimentos aconteçam sem julgamento, apego ou reação.
> Embora possa parecer uma prática simples, pode ser desafiadora e transformadora ao mesmo tempo. Nossa maneira usual de ser é reproduzir cenas de nosso passado e planejar nosso futuro. A atenção plena é uma ferramenta para treinar nossa mente para estar totalmente presente em cada uma de nossas experiências à medida que elas acontecem.

O PROPÓSITO E MÍDIAS SOCIAIS: QUESTÃO DE IDENTIDADE

> "Quando uma rede de computadores conecta uma rede de pessoas e organizações é uma rede social."
> (Garton, Haythornthwaite e Wellman)

A relação entre propósito e rede social perpassa a questão da identidade. Se precisamos de uma versão real de nós mesmos, as mídias sociais surgem nesse domínio para adulterar o ser que somos.

Indubitavelmente, as redes sociais são facilitadoras da comunicação entre pessoas iguais e até diferentes. Elas aumentaram a participação do indivíduo dentro de grupos extensos de pessoas. Vários estudos realizados confirmam um importante crescimento de usuários de redes sociais na população.

O que deve ser abordado não são apenas as possibilidades que as redes trazem, mas os riscos que elas apresentam e sua influência na configuração da identidade. Da mesma forma, destaca-se a relação entre quem eu realmente sou e de qual maneira quero ser visto. Há um abismo entre o que somos e o que as pessoas querem que

A PROPÓSITO: QUAL É O SEU GRANDE PORQUÊ?

sejamos. Essa segunda tendência é a que mais tem prevalecido nas redes. As pessoas estão criando um *fake* de si mesmas para poder ter seguidores, nível de engajamento e aprovação.

Farias e Monteiro analisaram a influência do advento da *Internet* e das redes sociais na comunicação interpessoal existente e na criação de identidades paralelas ao do mundo tátil nessa nova maneira de existência, a existência virtual. Os autores se apropriaram do conceito de *persona* da psicologia analítica e das identidades líquidas de Bauman e do conceito de interação por meio dos teóricos da cibercultura. Disso, podemos deduzir que há diversas lentes que podem ser usadas para compreender o fenômeno. Entretanto, aqui iremos discorrer como a identidade líquida ou paralela gera complicações na construção de propósito. Se o propósito é firmado a partir do autoconhecimento de uma identidade legítima, então criar um simulacro de si mesmo cria um déficit na sua *persona* real, comprometendo a construção dos seus propósitos. A primeira pergunta que devemos fazer é quem está criando o propósito: se uma pessoa simulada ou uma pessoa verdadeira, aquela que vive no mais profundo de você.

A relação firmada entre os usuários da rede não se mantém somente no âmbito de compartilhamento de informações. Os usuários passam, a partir da *Web*, a compartilhar também suas vidas e suas personalidades, principalmente por meio das redes sociais.

Com isso, a personalidade se transforma em uma mercadoria venal e os usuários da rede, a exemplo do *marketing* pessoal, querem transmitir a melhor imagem possível, em geral, querem transmitir a ideia de vidas perfeitas, sem problemas, seres pensadores, admiradores de vários campos da arte, ditadores de moda, turistas e até mesmo posam de especialistas em assuntos sobre os quais não têm o menor domínio. Ocorre o que podemos classificar de uma despersonalização em que a pessoa abre mão de si e adota um eu performático, criado especialmente para seus seguidores ou apenas para aqueles que acompanham suas postagens. As mídias sociais corromperam o eu real e isso repercutirá diretamente na escolha de um propósito. Como um eu performático pode desenvolver um propósito legítimo se é a solidez, conforme o exemplo da parede dado no início deste livro, é que fornece sustentação para o propósito?

Uma personalidade flácida não tem como criar laços sólidos, profissionalismo sólido, afetos sólidos, amizades sólidas e tampouco propósitos sólidos.

Entretanto, a respeito dos danos que as mídias sociais trazem para a personalidade, mais e mais pessoas querem uma aproximação sem intimidade, em que o que importa é o número de acolhimento e aceitabilidade que conquistam. Querem veicular uma imagem que promova a si mesmas a todo custo, valendo-se de frases de impacto, fotos editadas, aplicativos, entre outros meios que encontram para o aumento de sua aparição pública em detrimento da subjetividade realmente resguardada dentro delas. Essa versão de si é comunicada com objetivos distintos: uns querem ser bem-humorados, sendo que na vida privada não têm bom humor, outros querem parecer amorosos sendo que na vida privada são áridos. É uma inversão da identidade real em uma identidade vaporizada que se desmancha no ar e o propósito não nasce de um vapor.

A versão de si mesmo cria o vício em tecnologia, esses sujeitos viciados em uma versão criada não abandonam seus dispositivos mó-

A PROPÓSITO: QUAL É O SEU GRANDE PORQUÊ?

veis, eles precisam mostrar desde o café da manhã, até o impensável para alimentar um eu sedento de exposição. O celular os transforma em um tipo de ciborgue de forma que o dispositivo é parte deles mesmos. Basta observar a angústia, sensação de perda e de separação que as pessoas sentem quando o celular de alguém é roubado ou perdido. A impressão é que desconectadas das mídias estão desconectadas de si e da vida objetiva tal qual ela se apresenta para ser vivida. Não há existência fora da dinâmica das mídias sociais, ela foi reduzida e tragada completamente pelo ambiente virtual. Em outras palavras, as pessoas não estão realmente experimentando o que está acontecendo, mas estão vivendo por meio das redes sociais. Houve uma fusão do real com o virtual e as fronteiras que separavam antes foram dissolvidas no século XXI. A crescente transformação da Tecnologia de Informação e Comunicação, que ocorreu na última década, nos ofertou um mundo inteiro, apenas com o toque de ligar o dispositivo disponível. Estamos gradualmente nos afastando do mundo palpável para entrar na era digital das mídias sociais, que é muito mais sedutora e atraente. Cria-se um usuário em qualquer rede que o mundo, de ver e ser visto, se abre completamente diante dos olhos.

As redes sociais nos expõem de tal modo, como não somos, que tornam o eu vulnerável. Você é tímido, mas pode ter mil amigos e se comunicar com eles, pode entrar na vida dos outros e permitir que entrem na sua. Entretanto, existem os filtros, pois escolhemos o que queremos ou não que as pessoas vejam. Há aquele instante que o próprio inconsciente embaralha a personagem criada pelo ser e a pessoa entra em crise de identidade, porque a construção de nossa própria identidade está perdida dentro de espaços que não se intercomunicam entre si: o digital (virtual) e o real. São planos incompatíveis, pois a consciência de si só pode ocorrer no campo do real. Assim, podemos pensar nas mídias sociais como disseminadoras de falanges de falsos eus. Todo mundo está conectado, mas ninguém está de fato dialogando com o eu de ninguém. É uma troca de máscaras: eu coloco a minha, você coloca a sua e nossas máscaras conversam entre si sem qualquer profundidade. Então, se são as máscaras que se comunicam e não a essência, podemos mentir para nós mesmos, para os outros e tudo vira um jogo de *performances*. No meio desse cenário, não sabemos o propósito do outro e ele sequer desconfia, uma vez que o propósito nasce com base na vida real e prática, emerge do exercício da vida em si sem criações de personagens virtuais.

Algumas pessoas, inclusive, possuem diversos perfis em inúmeras mídias sociais. Em cada uma delas, adotam uma postura diferente. Nesse caso, o indivíduo cria um agrupamento de eus que não dialogam entre si. Esse modelo de comportamento tem relação com a falta de autoestima, de autoconhecimento e de identidade. Pensando nos preceitos de Jung sobre *persona* – máscaras sociais – essas personalidades criadas não têm nada de real, são apenas um acordo social entre o indivíduo e o meio que ele está inserido. O parecer ser entra no palco em detrimento do verdadeiro ser.

> Em relação à individualidade essencial da pessoa, representam algo de secundário, apenas uma imagem de compromisso na qual os outros podem ter uma quota maior do que o indivíduo em questão. (Jung)

PERGUNTAS QUE PODEM AJUDAR A ALCANÇAR SEU PROPÓSITO E O ORGANIZAR DENTRO DA SUA VIDA

> "Uma vida não questionada não merece ser vivida."
> (Platão)

Nos tempos atuais, com problemas tão urgentes e complexos para lidarmos, fazer boas perguntas pode ser fundamental para que se pense "fora da caixa" e se possa criar soluções realmente inovadoras e eficazes.
Portanto, tire algum tempo fora da sua rotina agitada do dia a dia e faça as seguintes perguntas para si mesmo(a):

1. Quem sou eu?
2. Qual é a coisa mais importante na minha vida?
3. O que é que eu mais amo fazer, mais do que qualquer outra coisa?

A PROPÓSITO: QUAL É O SEU GRANDE PORQUÊ?

4. Se eu tivesse apenas seis meses de vida, o que é que eu gostaria de alcançar?
5. O que eu gostaria de deixar ao mundo como meu legado?
6. Quais as atividades que eu descobri que me dão mais prazer?
7. O que eu ainda quero aprender?
8. Quando eu era criança, o que eu queria ser quando fosse adulto?
9. Qual foi o maior desafio que eu venci até agora na minha vida? Eu poderia ajudar outras pessoas a superar esse mesmo desafio?
10. Quem são as pessoas que eu mais admiro?
11. Por que eu admiro essas pessoas?
12. Como é que eu definiria o propósito de vida das pessoas que eu mais admiro?
13. Quais as qualidades que essas pessoas têm e que eu também gostaria de ver reconhecidas em mim?
14. Qual é o maior sonho que eu já tive para a minha vida?
15. Onde é que eu mais gostaria de viver no mundo?
16. Que presente especial eu tenho que poderia dar ao mundo?
17. Se eu tivesse o poder de mudar o mundo, o que faria?
18. Se me dessem três desejos, quais eu escolheria?
19. Quais qualidades e competências eu tenho de que me orgulho?
20. O que é que eu já fiz na minha vida e me faz sentir orgulhoso?

21. O que eu mais lamento não ter feito ainda na minha vida?
22. No final da minha vida, o que eu mais lamentarei não ter feito?
23. Se eu tivesse que dar um palpite no propósito da minha vida, começando com algo que me emociona, o que seria?
24. Quais as diferenças entre objetivo, meta e propósito?
25. Eu consigo viver meu presente com plenitude?
26. Até que ponto a idealização do futuro afeta o meu momento de agora?
27. O passado pode mudar meu propósito?
28. Eu sou eu mesmo ou o que as pessoas esperam de mim?
29. Como planejar minha vida para alcançar o meu propósito?
30. Qual é o propósito da minha vida?

Epílogo

Nós viemos sem nada a este mundo e vamos embora sem nada. Independentemente da sua fé ou religião, isso é um princípio da vida, todos sabem disso. Dar sentido a este meio, entre seu nascimento e sua morte, é o propósito, é o que vai guiá-lo em suas decisões e lhe dar impulso para viver e enfrentar os momentos de mais percalços em sua vida e trazer paz interior.

A natureza em sua sabedoria nos mostra todos os dias o propósito de cada ser, a árvore gera frutos para outros seres se alimentarem, faz a fotossíntese e gera o oxigênio para respirarmos, a abelha e os pássaros espalham as sementes para novas árvores germinarem, assim é a vida em toda natureza. E a gente faz parte

A PROPÓSITO: QUAL É O SEU GRANDE PORQUÊ?

dessa corrente de vida, um fluxo de contribuição que passa por todo ser vivo, o desafio é descobrir qual é a nossa contribuição, o verdadeiro propósito nesse fluxo de vida.

O que chega para você precisa se multiplicar para outros, pois tudo que eu seguro, prendo e acumulo, apodrece. Se você amarrar uma corda no seu braço, causará gangrena, se você guardar comida que sobra e não a comer, apodrecerá. Eu disse aqui e repito, quanto mais pessoas tiverem clareza de seu propósito de vida, mais impactos positivos teremos no mundo.

Faça as perguntas propostas nesta obra e reflita sobre elas. Não guarde para si seu dom, conhecimento, habilidade, seu trabalho, talvez esteja neles o seu propósito. Mas para chegar a isso há um caminho, precisa primeiro mergulhar no autoconhecimento, pois seu grau de contribuição está ligado a como você se enxerga no mundo, muitas vezes é necessário quebrar crenças que limitam o seu pensamento sobre você, sua importância e seu valor no mundo. Se acreditar que é pequeno, que nada tem a oferecer para o mundo, você não fará contribuição alguma.

Se você quiser fazer algo para alcançar seu propósito, comece agora, pois é o presente que lhe dá essa possibilidade.

Não foque no passado, no qual nada mais você pode fazer para mudar e nem idealize que a melhor oportunidade ainda está por vir, para que você possa agir. Faça o que puder para seus objetivos e sonhos agora, pois o melhor momento sempre será o presente.